JN438622

시간이 흐르고 쌓이는 것은 그리움

시간이 흐르고 쌓이는 것은 그리움

조은희 시집

신아출판사

■ 책을 여는 글

글을 쓰고자 하는 열망은 어린 시절 헤어진 친구처럼 늘 그리움으로 내 삶의 주변을 맴돌았습니다. 그러한 내면의 욕구가 늦게나마 문학을 시작하는 계기가 되었습니다.

바쁜 가운데서도 꿈을 잊지 않았지요. 꿈을 꾸는 자만이 꿈을 이룬다는 신념으로 앞으로 더욱 노력하여 좋은 시를 쓰고자 합니다. 시를 쓰고 시를 읽는 동안만은 고뇌와 아픔이 치유되고 평안을 얻기 때문입니다. 앞으로도 함께 공감할 수 있는 좋은 글을 쓸 수 있도록 격려해 주시길 바랍니다.

시집을 낼 수 있도록 징검다리가 되어주신 배환봉 선생님과 가족들에게 감사드립니다.

2016년 가을에

조은희

차례

제1부 흔적

제2부 강가에서

제3부 대숲의 노래

제4부 아득히 먼 길

제1부

흔적

마음에 민들레 피는 날

짧은 해 성급하게 기울어
마음이 스산하다
무심코 기대선 따뜻한 창가
문득 단칸방 더부살이 시절이 그립다

동쪽을 바라보는 창이었지만
후미진 골목 안 벽돌집은
언 몸 녹는 날이 봄이 오는 날
찡그린 듯 우는 듯 포개진 벽돌마다
세월의 금이 기어가는
민들레 피는 비좁은 골목길
좁은 마당에 들어서면
한눈에 들어오는 질척한 발자국들

지금은 흔적도 기억도 희미한 골목이지만
봄이 오면 여전히
민들레 푸른 움이 돋아나겠지
이렇게 서늘한 오후면
유난히 생각나는 칠 벗겨진 찻상이

아른거린다.

그날이 그리운 건
마음대로 그리울 수도
마음대로 슬플 수도 있는
자물쇠 채워지지 않은
허술한 옛집
그 문고리 때문인가 싶다

생명의 몸부림

때늦은 여름 폭우로
동강난 채 누워버린 아까시
벼락 맞은 그날 이후
질긴 생을 언덕에 지탱하고
허공을 향해 한숨을 묻는다

찢긴 뼈대에 피는 진물이 되고
분신을 잉태하려는 몸부림인지
설움을 베어 문 아까시가
한로라는 계절이 무색하도록
하얀 꽃을 피웠다

붙어 있는 뼈마디 아직은 살아 있어
아름드리 기둥 꺾인 수모 묵묵히 견디면
혹 후일을 기약할 수 있으려나
계절을 잊은 채 기도하듯 두손 모아진 꽃

서늘한 가을비에 상처는 쓰려도
혼신을 다하는 최후의 함성

진한 아까시 꽃 향이
종일 가슴에 스민다.

유년의 고향

초가집 앞 개울물
졸졸졸 흐르는 소리
울타리 옆 감나무엔
하얀 눈이 소복이 쌓이던 집
개나리 촘촘한 텃밭 한쪽엔
단물 가득 고인 배나무 두 그루
옹기종기 모여 있는 장독대 사이
비집고 피던 채송화며
벽에 걸린 빛바랜 사진들
잊을 수 없는 유년의 고향
보고 싶은 마음 하늘만 하여
눈을 크게 뜨고 하늘을 본다
찬바람에 정신을 잃었는지
길가에 늘어선 벚나무는
분홍꽃 기억 까마득하게 잊고 서서
눈이 부시도록 하얀 꽃을 피웠다
꽃 따라 걷는 발길 뒤로
터벅터벅 따라오는 발자국 소리
어린 그 시절로

시간이 멈춰 서면
그리움 가슴에 묻지 않아도
좋으련만

거미줄

골목을 누비는 전선처럼
쌕쌕거리는 숨소리 들립니다.

이슬도 매달고
반달눈썹을 한 달도 매달아
헤벌쭉한 미소들을 가득 실었습니다.

빗물 흥건한 울타리에선 찬바람 맞으며
언제 끊길지 모를 세월을 안아다
길게 둘러쳐 놓았습니다.

촘촘히 엮어 만든 망 사이로
세차게 빠져나가는 바람 소리

지난밤 밤새워 지은
긴 기다림이었습니다
달콤한 유혹도 억울한 아픔도
다 거두어 가버린 바람
그의 세월이 밤새 끊겼습니다.

우리 동네

함석 지붕에
사방이 논밭이던 옛날을 지우고
고만고만한 아파트들 모여
이름만 들어도 아름다운
은파 마을이 이루어진 지 오래인 날
수많은 이야기를 담은 겨울 달빛이
은빛 호수를 안았다

인연을 따라 눌러산 지 여러 해

뒷산 숲에 저녁놀 내려앉을 즈음이면
노란 융단 깔린 숲길 따라
바람에 실린 물안개가 마을을 덮고

철 따라 잊지 않고 찾아드는 철새
삭막한 도시 속에서
그리움 한 조각 채색할 수 있는 곳
보고만 있어도 가슴 뭉클한 우리 동네
이젠 그래저래 동네가 좋아
그냥 오래 더불어 삽니다.

감자꽃 피는 날

흰 나비 나는 감자밭에서
진보랏빛 감자 냄새가 난다

초록 줄기마다 보랏빛 꽃들의 미소
시샘하듯 피어오르던 감자꽃

그 여름 햇빛은 숨을 모아
줄기마다 빛 고운 꽃물을 들였었지

지금도 여름을 기다림은
진종일 코가 아리도록 맡았던
유년의 감자꽃 냄새가 그리워서다

여름 내내 뒤척이는 속마음은
아릿한 보랏빛 감자꽃
문신처럼 새겨져 피어나는
그 꽃내음 때문인가 보다

둥지

식구 모두 모여 함께 살 때
그곳은 따뜻하다
보고 싶은 사람 언제든 볼 수 있는
그곳은 행복한 둥지

따뜻한 저녁 불빛 그리워지면
습관처럼 옮겨지는 발길
아득한 원시의 평화와 문명의 갈등이
공존하는 공간

거친 하루의 소용돌이 속
석양을 삼킬 듯
어둠이 몰려와도
텅 빈 수레를 타고 달려가는
삶을 치료하고 위로받는
그리움이 있는 곳

이제 새들이 날아가 버린 둥지
찾아가는 발걸음이 낯설다

어느 세월이

대추나무 가지 사이로 햇살이 따끈하다.
깨어진 바가지에 까만 콩
구멍 난 삼태기에 얇게 썬 애호박
빨랫줄에 시래기 삶아 널던 어머니가
담 너머 먼 산 바라보며 사색에 젖는다.
아들은, 딸들은 잘 지내는지

한낮의 고요에 눈 감으면
귓속에서 우는 벌레 소리
찌찌 찌르르 시도 때도 없이 찾아와 우는
얄궂은 벌레 소리
고달파도 내색 한번 안 하시는 어머니

허리에서 우두둑 다리에서 뚝딱
힘없이 비틀거리는 몸
어느 세월이 다시 와 붙잡아 줄까
허연 귀밑머리 바람에 나부끼며

기약 없이 기다리는 아들딸
오직 기다림의 나날인 어머니

꿈속의 고향

단물 가득한 배나무 두 그루 있는 집
그 옛 집은 어머니 꿈속의 고향이다

잠시도 쉴 틈 없었다던
어머니의 젊은 날은
언제인가 추억의 사슬에 묶여버렸다

똑바로 설 수 없는 몸이 되어
환상의 놀이터에 매양 앉아 계신다

나무 지팡이 하나로
땅을 딛고 걷던 때가 그래도 좋았노라고
세상과 만날 수 있음이
유일한 낙이었던 시간들을 회상하신다

야망 한번 펼치지 못한 채
어두운 세상에서 평생 힘든 어머니

황홀했던 별똥별 이야기도 추억 되고

빛을 발하던 기억 창고는 돌밭 되어버려
가슴속 상처만 깊어진 어머니

긴 봄날

스무 살 갓 넘은 나이로 시집와
시집살이 매운 날들 자식 보며 삭이시고
긴 봄날 햇볕 그을림
흑백 사진 같은 추억이라네요.

청보리밭 매며 농사짓던 날들
누렇게 익은 보리이삭 베어다
끼니마다 시집 식구들 위해
절구질하셨다는 어머니

한 번 찧고 저으며 허기 달래고
두 번 찧고 저으며 어깨 펼 날 그리며
춘궁기 설운 날들 절구통에 담아
보리알보다 많은 시름 찧으셨다고

절굿대에 손가락 찧어
마디 하나 떨어져나간 새끼손가락
누가 위로하면
가난으로 힘든 날이 더 아팠다며

덤덤히 넘기셨지
마디 잃은 손가락에 낯선 딱지 엉겨 붙어
손톱이라 이름 달고 평생을 사신 어머니

무릎 아파 절뚝이는 모습
눈에 어려 가슴 아픈 날
엄동설한에 보내주신 김장김치로
오늘 아침 식구들 밥상을 차리며
당신의 사랑에 목이 멥니다.

김치죽

하얀 눈 수북하던 텃밭
겨우내 텃밭 땅속 항아리에선
보글보글 동치미 익어가는 소리
무김치 배추김치 도란거리는 소리

노랗게 잘 익은 군고구마에
알싸한 김치 한 가닥 쭉 찢어
호호 불며 한 입 가득 오물거리면
동짓달 길고 긴 밤 배 고팠던 어린 시절에
그보다 더 행복할 수는 없었지

가마솥에 노릇노릇 무밥 지어
칼칼한 묵은지 올린 커다란 밥숟가락은
허기지던 그 옛날엔 하루의 행복이었다

쑥덕쑥덕 김치 썰어 식은밥 넣고
가마솥에 물 부어 수제비 떼어 넣어먹던
기억 속에 맴도는 어머니의 김치죽
어머니는 김치 한 가지로도 온갖 음식

다 만드시는 만능 요리사였다

다리 아파 절뚝이며 김장해 보내시는
주름진 어머니의 손이
이 저녁에도 밥상에서 아른거린다.

아버지의 논

초록 옷 차려 입고
줄줄이 누워있는 논배미
아버지 발자국 고인 물에
작은 생명들 모여 들었지

올챙이의 뻐끔 노래
사방을 휘젓는 물방개의 춤사위
왕잠자리는 물속에 꼬리 담가
새 생명 잉태하던 논배미

한 뼘 남짓한 논에 세월 잊고
무엇을 건질까도 욕심내지 않는
땀과 꿈이 어우러진 삶

질척한 논배미 헤집어
두 손 가득 움켜 쥔 잡초 쌓아두고
일손 마치고 돌아오는 길
아버지 등 뒤로 들리던
작은 생명들의 합창 소리

바람에 실려 오던
아버지의 고달팠던 논배미

그대의 집

뒤란으로 돌아가는 마당 한쪽
이파리 다 내려놓고 서 있는
키 작은 앵두나무 곁
으스스 소름 돋는 찬바람이 휘돌면
동파를 예방한 수도꼭지에선
눈물 같은 물방울이 똑 똑 떨어졌다

가축들과 가족을 이루고 사는
담도 울타리도 없는 외딴집
칼바람에 몸을 내준 축사가 요란하다

봄이 오면 떠나리라
마음으로 싼 짐 집채만 하건만
해가 갈수록 자꾸만 느슨해지는
낡은 노끈 같은 세월
오리들 떠드는 소리에
철새도 날개 접고 기웃거리는 곳
숙명 같은 그대의 집

늦잠을 깨우는 산까치 지청구 소리
온 산에 들썩이면

비로소 긴 하루가 열리는 그대의 집

회한의 세월

회한으로 남은 세월
아직도 아버지는
해마다 돌아오는 현충일이면
가슴에 살아있는 동생을 그린다.

유골이 삭아 흔적도 없는 긴 세월로
비석도 세울 수 없어
충혼탑에 이름 석 자 새겨진
당신의 동생

숱한 세월에도 아픔만 남았다
목숨 걸고 지킨 조국인데
누구도 책임 없는 무관심
꿈에도 그리던 집, 가족들에게 돌아가고픈
참상 당한 영혼들을
아무도 챙기지 않는 나라
그 분노를 이제는 말하고 싶다

조국을 위해 목숨 바친
이 나라 젊은 영웅들의 영혼들이
어느 골짜기에서 가족의 품 그리고 있을지
그들의 소망이 이루어지기를
기원하는 마음 간절하다

향수

흙투성이 바짝 마른 어린 소녀는
산에서 바위 타며 땀에 흠뻑 젖고
바위 냄새 몸에 밴 줄 모르고
뒹굴며 놀던 어린 시절이 그리워지네

흙먼지 흩날리던 신작로
햇볕에 그을린 까만 얼굴로 터벅터벅 걷다가
개미하고 장난치며 집으로 오는 길
개구리 울음소리에 귀 기울이고
뽀로롱 새소리 정다워 가슴 뛰던
먼 동화 속의 한 소녀였다

노랗게 익어가는 보리이삭
입가 까만 줄 모르고 구워먹던 날
흉물 같던 보리깜부기가
새삼 그리워지네.

올여름에도 어김없이 피는 아까시꽃
아직도 마음은 고향의 동화 속 어린 소녀

보고픈 사람들은 다 어디로 갔을까

지금도 보리는 익어가고 있는데

눈으로 하는 말

–병상일기 1

나는 가진 것이 없어
내게 있는 것 중에 제일 값진 것을
당신에게 드립니다.

굳어진 다리를 만져주고
무릎도 펴 오므려도 보고
발목을 살살 돌리기도 하며
나의 다리가 괜찮은지
살펴봐주는 당신이 정말 감사합니다.

당신의 눈을 봅니다.
나를 보는 그 눈이 사랑인지 아닌지
나는 보면 압니다.

그대의 무언의 미소
나는 아무 것도 드릴 게 없어
간식으로 나온 두유 한 팩
내 마음을 담은 손으로 드리니
받으세요 받아 주세요

나는 당신이
눈으로 하는 말을 듣습니다.

그의 봄은 어디쯤일까
–병상일기 2

그 어머니가 찾는 봄은
홍매화 흐드러진 강변 어디쯤일까
멈춰야 할 정류장을 놓치고 헤매다
침상에 누운 지 오래인 어머니
오늘도 콧줄에 의지하며 식사를 한다.
턱받이 앞치마 목에 두르고
밥 떠먹을 수 있는 힘만 있어도
더는 바라지 않을 고비의 생명들

퇴근 시간이 되면
아들은 어김없이 어머니를 찾아와
정성을 다해 보살피다가
아픔 잊을 만한 시간쯤 해서
휠체어를 정리하고 돌아간다

어머니는 아들과의 만남을 기억이나 하실까
발뒤꿈치 각질의 고통을 느끼기나 하실까

아무리 거부해도 어쩔 수 없는

생명줄을 끼던 날
장작개비처럼 뻣뻣하게 굳은 얼굴 위로
방울방울 흘러내린 눈물은
생의 마지막 감각이었을까

어느덧 봄 햇살 이리도 따뜻해
마른 벚나무에도 푸른 잎 돋아나는 이 봄
그 어머니 몸에도 새순 돋았으면
간절한 기원으로 두 손을 모은다

온기 서린 마루

울타리 너머로 가지 뻗은
감나뭇집 우리 집
작고 보잘것없는 멍석 위엔
망울망울 웃음 짓던 수수 알갱이
기다림으로 그 자리
옹기종기 모여 있는 장독대
할머니 온기 서린 마루엔
서리태 상 위에 펼쳐져 있고

흠집 난 콩 가려내던 주름진 손은
손가락 마디마디에 평온이 서려
엄마 대신 안기던 손길
밥수저에 반찬 올려주며
도란도란 이야기 들어주셨지
어린 날 떡보였다고 떡보 이야기는
수십 번도 더 하셨던 분

아가야 밥은 잘 먹고 지내느냐
어디선가 들려오는 애잔한 음성이
꿈결처럼 귓가에서 맴돈다.

제2부

강가에서

아침 신문

현관 문 열면
밤새 어제 있었던 일 가득 싣고
눅눅한 이슬 머금은 채
날 밝도록 기다리고 있다

알싸한 기름 냄새
머리글 하나에 가슴 설레
다른 생각 모두 지우고 신문 앞에 좌정한다.
중요한 문서를 언제든지
휴지 조각으로 만들 수 있다는 북한 소식

큼직큼직한 머리글 대충 읽고
다시 보는 이야기들
희로애락 사연 따라 변해가는 마음

세계 각처가 아무리 소란해도
어제 하루 무사했고
오늘 하루도 별일 없으면 그만

상큼한 아침공기 신문에 묻어나니
이만한 아침이면 세상일 안심이다

사람이 그리운 마을

인적 없는 마을
활짝 열린 대문으로
들여다보이는 마당엔
어린 강아지 한 마리가 졸고 있다

사람 그리운 시골마루
홀로 앉아 조는 노인 곁에
선풍기 덜컥거리며 돌고
노인 곁엔 물 한 사발
달랑 놓였다

텅 빈 이웃집 할머니는
집을 비우고 어디 갔는지
잡초만 무성하게 일어서
낯선 객을 보고 손짓한다

여기저기 허물어진 흙담엔
장미꽃이 만발하여
할머니 마음쯤은 아는지 모르는지
진한 향기 뿜어내며 졸고 있네.

빈집

서둘러 떠난 자리
언젠가 다시 돌아올 것처럼
문 가볍게 잠가 놓았다

시곗바늘은 아홉 시에 멈춰 있고
함께 웃으며 찍은
한때는 행복했을 가족사진은
먼지로 뒤덮여 침울하다

아무도 없는 빈집엔
정적만 흐르고
바람에 흔들리는 창가엔
벽에 붙인 포스터 조각들이
멋대로 찢겨 팔랑대고

밤마다 함께 모여 웃었을
퇴락한 마루엔
아련한 그리움은 남아 있는데
낡은 집엔 바람만 맴돌고 있다.

버스정류장에서

설렘과 아쉬움이 교차하는 곳
사연 많은 하루가 아침을 연다.
새벽 어스름에
당신보다 무거운 짐을 이고 온 할머니는
가족만큼 삶도 큰 짐이었을까
시끄러운 시간의 길목에서
고단함이 쌓인다.

길 위에
평범한 행복조차 놓아버린
불규칙한 생활의 기사님
무거운 눈꺼풀 위로
삶의 무게가 내려앉지만
누군가의 만남을 위해 버스는
행진을 서두른다.

누굴 기다리는지
그곳이 제자리인 듯
오래전부터 서 있는 부동자세의 여인

기다릴 수 있는 인연이 그립다
이별과 만남이 있어
아쉬움과 꿈이 있는 곳
시골마을 버스정류장

환승역 사연

제각기 다른 꿈을 싣고
한 방향을 향해 달리는 열차

북적이는 환승역은
소소한 약속의 만남의 광장

잡지 파는 작은 가게
추위를 녹이는 난로 위에선
고구마가 익어가고
작은 창엔 옛 추억 서려온다

흐린 창으로 내다보이는
바깥세상은
계절 따라 바뀌어가고
하루의 끼니를 잇는 삶의 터전이 된
환승역

첫차만큼이나 사연 많은
막차가 지나가면

또 하루가 바뀌는 시간
누군가의 일상은 그렇게
소설이 되고 시가 되겠지

그녀가 웃는 이유

끝없이 도전해야 하는
인생 여정에서 끝은 어디인지
매 순간이 새롭고
마음 비워 행복하다는
하반신 마비의 그녀

좌절하지 않고
옷 수선을 천직으로
열심히 살아온 세월
자투리 천으로 소품 만들어 나누고
틈틈이 바느질로 봉사하는
삶의 열정이 온 마을 큰 울림이다

늘 함께 있어 즐겁기만 한 부부
아무리 어려워도
같이 있어 좋은 사람들
얼굴만 보아도 든직한 삶의 위로

그녀가 웃는 이유다

바람의 유희

햇살이 따뜻해서
창을 흔들어 봅니다
바람이 보고 싶어
바람을 안아 봅니다.

풍경은 아주 먼 유희입니다.

들을 향해 한곳을 보며
일제히 눕는 풀잎들
그 곁을 스쳐가는 흔적
바람의 유희입니다

생명들 마음 다 어루만져주고
물의 고요마저 흔들어 깨우는
바람의 춤사위

스며들듯 머물러 있어
무한히 텅 빈 하늘에
꽃씨 한 줌 날려 보내는
따스한 바람의 유희

낙엽의 꿈

비로소 자유로운 날개다
그들은 붉은 융단을 펴고
내려앉을 것이다.

태풍이 부는 날에도
거세게 저항하며 매달렸던 이유
자유의 날이 왔다

갑자기 떨어질 수도 있는 목숨
잎눈 맺힐 때부터 조바심이었지

이제 무서리 내려앉은 자리
비록 낙하할지라도
비로소 찾은 이 자유의 날개는
끝없이, 끝없이
꿈꾸던 나라로 훌훌 날아가겠지

자유의 웃음소리 가득한
저 낙엽들의 소리

이월은

이월의 대지가
겨울을 붙잡아 세운다.
제각기 다른 이름을 가진 나무들
잔설로 덮여
모두가 똑같이 눈꽃을 피웠다

나지막한 뒷산 오솔길
어느새 고개 내민 눈 속 초록들
봄의 옷자락을 잡아당긴다.

이월의 문턱에는
겨울과 봄이 마주 서서
서로 다른 이야기를 하고 있다

겨울과 봄의 교차로
이월은 이별과 만남의 격정에
떨고 있다

오일장

닷새마다 돌아오는 오일장은
꼬부라진 두 귀에
순진한 눈망울의 강아지가
새 주인을 만나는 날

마을마다 삼삼오오
짝지어 가는 장날은
소박함으로 맛내고 넉넉함으로 끓여내는
장터국밥 맛보러 가는 날

덜그럭거리는 시골버스에
느린 세월을 싣고
봉지마다 잘 말린 곡식과 나물들
한 아름 정 담아 팔러 가는 날

한바탕 떠들썩한 시골 장날은
엿장수 가윗소리에 흥겹고
뻥튀기 소리에 세상 시름도 날려
시끌벅적 사람들과 일상의 안부도 묻고

정이 그리워 사람 냄새 맡으러
윗집 아랫집 장보러 가는 날

나목

언 땅 밑에서
생명의 노래가 들린다

메마른 줄기는
미지의 세계를 꿈꾸며
살얼음 추위를 벗겨 선다.

추위에 시달려 여윈 줄기들
빛깔도 온기도 버린 지 오래지만
속살조차 아려오는 찬바람 소리를
장승처럼 경청하며 서 있다.

황량한 산길에 서서
기다려지는 것은 봄의 서곡 산새 소리

나목은 혹한이 두려워 떤다
새싹들의 숨소리 간곡한 시간 앞에
하늘을 우러르는 나목.

강가에서

드넓은 하구의 강물은
바람 따라 함께 흐른다.

갯벌에 매어진 폐선에 부딪혀
맥없이 스러지는
파도의 잔잔한 여운들

백지처럼 멍한 가슴이건만
엷게 깔린 해무가 정답다

강가에 앉으니
텅 빈 마음 숨결이 흐르고
생각도 욕망도 의미 없는 고요 속에
긴 너울 따라 흐르는
그리움 하나 있네.

축복

마음을 열어봐요
작은 봉오리 속에서 꽃잎이 트여요
걸음 멈추고 귀를 대 봐요

새끼 손톱만 한 꽃잎 네 개를 안고
피어날 날을 기다리며
베로니카가 천지에 깔려 있네요

기껏 두 해밖에 못 사는 꽃이라는데
영원한 내일이 있는 듯
죽을힘 다해 씨앗을 퍼트리네요

봄까치꽃, 차마 보기 민망해
몸 조아려 땅에 엎드렸나 봐요

미루나무 옆으로 스쳐가는 세월에
봄이 서성대고 있네요

겨울을 견딘 강인한 싹들이

활짝 피어날 그날을 위해
축복의 두 손 모으고 있어요.

밤이 두려운 건

적막한 밤이 되면
어둡다는 생각이 새삼 불편하다
한때는 한시도 아쉬운 시간이었건만
주변이 한가한 지금은
여백의 시간도 하찮아져버렸다

아쉬움을 느끼게 함은
무슨 이유 있으리라
신을 향해 손 모으던 날들도
괜스레 투정하던 날들도
어느새 사라져버리고
아무 일 없었던 것처럼
여전히 이어지는 일상

밤이 두려운 건
어둠이 싫어서가 아니다
아무것도 할 수 없는 무기력
그 속으로 묻혀버릴
시간 때문이다

이삿짐 꾸리기

베란다와 거실을 배회한다.
될 수 있는 한 버리라는 말에
이것저것 자꾸만 만지작거리는 물건들

자기 자리를 각자 지키고
한때는 그곳에 있어야 했던 것들
저걸 버리고 가야 하나
OX퀴즈처럼 너는 되고 너는 안 돼 한다.

함께 가고 싶은 물건들은 애가 타겠지
그날이 다가올수록 가슴이 오글거리겠지
그 마음이야 오죽할까만
어리석은 욕심이니 내려놓으라는 말

떠날 때는 늘 아쉬움을 남기지만
어디에 가든 이곳의 지난날은 그윽하련만
멀기만 하던 그날이 점점 다가오고
나는 선택의 기로에서 아직도 방황할 뿐
버릴 수 없는 건 묵은 정인가 보다

시절

촉촉한 유년의 기억은
밤을 새워 두 눈이 꺼지고
볼썽사나운 몰골이 될지라도
어린 날은 생생히 살아
초롱초롱 빛나는 작은 별이 되고

중년은
끝없는 열정이었기에
불에 달군 쇠처럼 강인한 에너지였다

살다 보니 세상 속엔 강과 숲도 있다
할 말이 있지만 하지 않는 강물
할 말이 없지만 많은 말을 하는 숲 속의 바람

이제 자꾸만 잊혀져 가는 기억
잃어버린 것과 놓치는 것들
어쩔 수 없는 삶인가 보다

철 지난 국화

철 지난 국화
거뭇거뭇한 반점이 슬퍼 보이지만
누구를 기다리는지
아직도 향기를 품고 있구나

성숙한 여인 같던 시절
벌 나비 끌어 모으고
다소곳하게 눈뜬 꽃술이더니
알싸한 바람 서성인지 여러 날
찬 냉기에 검버섯 돋아버렸다

웃어도 슬퍼 보이는 네 모습
봉우리마다 눈물 가득 고여
수많은 사연을 담고 서서
제자리를 지키는 철 늦은 국화꽃

비록 사라진다 해도
사군자의 하나로 붓 끝에서 태어날
깊은 꿈을 안고 피어 있구나.

청보리밭

잠에서 덜 깬 들녘 어슴푸레한 미명
꼿꼿하게 고개 내민 초록빛 청보리
조용히 잠 깨기를 기다린다.

지평서 막 넘어오는
붉게 타오르는 자연의 걸작과
출렁이는 몸짓으로
한순간 들썩거리는 푸른 열정
하늘 높이 날아 안아보고 싶은
천공天空에 펼쳐진 초록바다

보리밭 사이 따라
일렁이는 물결이 울타리를 넘는다.
햇살은 길게 동아줄처럼 내려와
이슬에 젖은 고운 옷 말리고

청보리 물결 속 해맑은 유채 몇 그루
보리밭 틈새 비집고 제 자랑에 바쁘다

마음까지 물들어 눈감아도 초록이다

제3부

대숲의 노래

수수밭

넋을 내려놓아도 좋을
한여름 한적한 골짝
초록이 짙다 못해 검어진 수수밭이
한가하게 자리 잡았다

땅에 묶인 날개
날아오르지 못한 대궁들이
푸른 바람에 흔들려
울렁증 재우려는지
울창한 산줄기 타고
계곡으로 몰려가는 자리마다
일고 있는 잔물결

산에 걸린 해가
황톳빛 노을로 옷을 바꿔 입을 때
수줍음도 모르고 빳빳이 고개든
덜 여문 알갱이들이
철모르고 당당하다

겨울 숲

숲 속에 스민 고요
밤의 고요는
숲에 갇힌 외로움입니다

침묵이라 하지 말아요.
바스락 숲의 고요 깨울 수 없어
마음에 별들을 그립니다.

지독한 바람에
수직의 본성 내려놓고
결핍을 메우는 사랑으로
서로를 탐색하듯 기댔습니다.

두려워 말아요.
잎 돋아 살아갈 세월까지
기다림으로 채워지는 숲
하얀 눈이 덮어버렸네요

대숲의 노래

쌀쌀한 대 바람 소리
마음 비움의 소리인가
언제나 한결같은 소리
슬퍼도 기뻐도 그 소리이다

아마도
곧게 살자 굳은 신념 다짐하는
종족의 노래인가

휘지 말자
서로 손 잡아 일으켜
흔들리다가도 바로 서는
곧은 대나무

나이테를 버렸다
죽는 날까지
세월 잊고 곧은 마음으로 살자
그리 맹세한 언약인가 보다

끝내 올곧은 지존
세월 거슬리며 푸르게 사는
대나무들의 울림

은파 풍경

물안개 얇게 펼쳐진 호수를 따라
한 발자국 두 발자국 걸음을 뗀다
가로수 밑 버섯 모양 투구 집에선
물처럼 흐르는 아련한 선율.

호수를 향한 아름드리 고목은
세월의 무게 견디지 못 하고
초라한 모습으로 누워
오가는 이 눈길에 숨을 죽인다.

둑 밑 풀들은 물 속 수초되고
잠긴 버드나무는 설 곳을 잃고
휘청거리는 물그림자

또르륵 새 소리에
눈 돌려 물 숲을 보니
옹기종기 모여 노는 이름 모를 물 병아리
자맥질에 흥겨워 세상모른다.

바람 따라 파도 타는 물 병아리
겨울 아침 잔잔한 호수는
그리움을 담은 내 안의 안식처

겨울은 오는데

뒤돌아 볼 틈도 없이
성급하게 바뀐 계절
무딘 내 감각 위로 달려올
날 선 겨울이 두렵다

흔들리는 가지 위에 나뭇잎 몇 개
가지는 진저리를 친다.
미련 버리지 못한 나뭇잎
가지는 밤새 가슴이 시리다

대지처럼 다 비우고 잠을 자라고
흔들며 달래는 메마른 가지

겨울은 오는데
가려는 계절 차마 못 붙들어
바람도 숨을 죽인다.

꽃

한 송이 꽃으로 피어난 것은
그의 선택이 아니었습니다.
비바람 맞으며 밤을 지새우는 일
피어야 하는지도 알지 못한 채
그냥 피었습니다.
피지 않고는 불확실한 생명
어떻게든 피어나야 했기에
조금씩 꿈을 모아 봉오리를 맺었습니다.
치장하지 않은 순수로
오로지 고고하게 피어오르는 열정 있음에
누군가의 노래가 되고
누군가의 그리움이 되고
그리고 비로소
가슴 깊이 아끼던 그대 위해
한 송이 꽃으로 피워 올렸습니다.

꽃 소식

꽃망울이 맺혔다고
소식을 알려왔네요
외줄기 대궁에 연잎 같은 이파리 하나
임자 없이 떠도는 걸
애틋하게 주워 기르더니

두해 지난 올여름
꽃 대궁이 올라왔다고
낼 모레면 꽃이 활짝 필거라고
이른 아침 함박웃음 지으며
전화를 하네요

피어난 꽃처럼 설렘을 전하네요.

찬바람 피해가며
꽃 닮은 이를 위해 기다렸을
그의 마음이 전해 오네요.

달개비꽃

마디가 땅에 닿으면
또 한 포기 생명으로 자라나
꺾여도 죽지 않는 생명
땅에 닿기만 하면 뿌리내리는
마디풀 달개비

애써 키운 생명이라 해도
구질구질한 헛간 옆 초라한 곳에
너는 아무렇지도 않게
하늘빛 닮은 꽃을 피우고 있구나

언니 치마폭 같은 아리한 모습으로

비 내리는 오후 문뜩 그리워지는
초록빛 울타리 곁 달개비

마음 조용한 날엔
붓끝에서 영혼으로 피어날
화신의 꽃

무궁화

먹구름 모인 자리
비 내리면 비 맞고 눈 내리면 눈 맞고
따뜻한 햇볕 끌어안아
백일 내내 꽃 피우며
동구 밖에 줄지어 바람막이로 서 있다

이슬 젖은 새벽녘
만개한 얼굴로 인사하고
한낮이면 수줍어 꽃 몽우리 조아리다
해 질 녘에 몸을 접는 정결함

꽃이 질 때도 몸을 더럽히지 않도록
몸을 사려 마르지 않게 할 줄 알고
물기를 머금은 채 꼭지 떨어뜨리며
꿋꿋이 생을 조용히 마감할 줄 아는 선비 같은 꽃

눈아리꽃이니 부스럼꽃이니
억지 쓰던 일제의 횡포
그래도 끈질기게 살아남아

피고 지기를 반복하니
끈끈한 생명력 어찌 아름답지 않으리.

너는 영원히 이 땅에 피어날
우리나라 꽃 무궁화

개나리

찬바람 쌩쌩 부는
겨울 끝에서
봄소식 알리려
노랗게 피어난 귀여운 별무리

얼면 어쩌나 조바심인데
당찬 기세로 피어나는
노란 꽃
힘들게 찾아 온 길이라
화사한 옷차림인가

울타리마다 너울너울
낯설어도 제멋대로 부르는
생명들의 환희의 노래

빈 마음 한자리에
한 움큼 봄물 머금고
노란 꽃잎이 햇살에 빛난다.

억새

무정한 세월
속을 앓아
새하얀 백발이 되었구나.

몸속 진기 다 빠져
실바람도 못 가누는 흐느적거림
시간을 고여 세운
꼿꼿한 몸이련만
텅 빈 가슴엔 추억만 남았다

숱한 세월 속
너의 벗이라고는 바람뿐
태생은 천년의 화원인데
뭉게구름 바라보며
너는 오늘도
또 다른
낯선 삶을 꿈꾸고 있구나.

상고대

해가 뜨면
허공으로 돌아가는 허무
나무 끝에 붙어
나를 보게 하는 새하얀 애증의 존재
고통이 모인 물방울 시가 되고
얼룩진 상처 바람의 노래되어
냉소적 반항은 사라지고
가냘프고 어여쁜
눈꽃이 되었네.

하늘엔 별이 총총
나목엔 눈부신 얼음 꽃 떨림
가슴엔 사랑 한 가득
찰수록 피어나는
고독한 나목들의 개화
뾰족한 결정체로 허공을 수놓은
차가운 피사체

나목의 저 눈부신 상고대의 부활
그리 피어나고 싶은 영혼아

고드름

원시적 속살 배어있는
장막 같은 동굴
물을 주물러 거꾸로 세운 결빙들이
더없이 느린 전설로
단순해져버린 결정체이다

흐름을 옭아매는 추위로
커다란 화살이 되어 꽂혔다

강풍 휘몰아쳐
혹한의 뿌리 뒤흔들어도
꼿꼿한 기품으로
도열하는 얼음들의 횡렬

태양을 껴안으면 오색 빛을 내는
아릿한 추상화
겨울 한 철 자라다 한순간 소멸하는
서글픈 물기둥

가을이 가는 소리

마른 잎 하나
움켜준 손에서
가을이 가는 소리

서녘 하늘에
고추잠자리
붉은 무늬 수놓은 자리에
그리움은 지고

힘차게 뻗치던 그 여름 햇살
푸르르 흔들려 그림 같던
그 가로수 길엔

지금쯤 어느 소녀가
낙엽 한 잎 줍고 있겠지

늦가을 풍경

몇 알 안 남은 붉은 열매 뒤로
헐벗은 가지가 보입니다.
서서히 다 떨어져버리고
겨우 남은 까치밥 몇 개

설령 다 주고
빈손으로 서 있다 해도
마지막 남은 한 알까지
그냥 주고 싶었을 빈 가지들

무리지어 떠 있는 구름이
감나무 앙상한 가지 위로
노을 타고 내려와
줄기마다 붉게 상기되었다.

늦가을 바람의 수런거림에
텅 빈 가지가 유난히 휑하다

갈대들의 노래

다 시들어 힘없이 기대 서서도
때때로 고개를 흔든다.
깨어 있는 영혼들의 흔들림이다.

가녀린 마디마디
꽃 피워 흩날리고픈 소망

달빛 품은 가을의 영혼이다
시린 겨울을 서로 나누어 안아
슬픈 노래이어도 좋다

영혼의 목소리 들을 수만 있다면
그날을 위해
바스락거리다 부서질지라도
이대로 잠들지는 않아야지

새봄 다시 태어날 꿈을 꾸면서
아주 잠들지는 않으리라

조용할 수 없는 삶이었지만
어찌 침묵할 수 있겠는가

포구의 하루

긴 항해에
무더기로 들어온 물고기
오랜 기다림 끝에
물고기 한 마리 낚아채는 갈매기
발걸음 분주한 어부의 몸놀림과
어우러진 물큰한 감성

흥정은 시작되고
삼세기 한 봉지에
덤으로 따라간 주꾸미 세 마리
삼세기보다 주꾸미가 더 좋은 손님
누구라도 웃게 하는 풍경

더덕더덕한 판잣집 행렬 너머
그물 꿰매는 어부의 고달픈 손
시간을 잊은 생의 한 날이
삶의 끈이 된 노동이다

모두가 떠난 해 질 녘 포구는

검은 식솔을 남기고
젖은 몸 뉘일 공간 찾는다.
몸을 일으키는 어부의 발이 무겁다

월출산의 달

아직 덜 차오른 달이
절묘한 바위 끝에 걸터앉았다
어둠이 내리기엔 아직 이른지
은회색 낮달이
월출산 천왕봉을 부여잡고 있다

바위마다 기이한 사연 담고
벅찬 가슴 하늘에다 눈을 맞춘다.
나지막하게 속삭이는
대나무 숲의 웅얼거림
태곳적 신의 위대함을
아직도 노래하나 보다

어스름 하늘에 붉게 물든 노을
월출산을 뒤로하고
돌아서는 나의 발길

은회색 낮달
어느새 환한 밤하늘 등불 되어
내 등 뒤를 따라 나선다

제4부

아득히 먼 길

인생길

길에 턱이 있는 줄 모르고 가다가
세차게 부딪쳐 넘어졌다
움직일 수조차 없어
엎드린 채 팔 뻗어 복사뼈를 매만졌다
살살 달래며 쓰다듬은 발뒤꿈치
나른한 대낮은 풀기 없이 졸고
자꾸만 떨리던 나의 손
아픔의 무게 더해질수록
무심한 구름을 올려다보았다.
이마엔 식은 땀방울

무릎은 형편없이 씻겨
얼룩진 혈흔이 망설이듯 붙어있다
핏줄을 타고 서서히 사라질 멍이지만
울 수조차 없어
초점 잃은 눈을 허공에 묻었다

뺨으로 스쳐가는 훈훈한 바람이
절뚝이며 걷는 나를 붙들어주며
인생길엔 조심하라 이른다.

나를 찾아서

차고 맑은 물
계곡은 비스듬히 누워
서리 맞은 단풍잎을 모은다.

빈 가지 나무 위엔
새의 울음소리 쓸쓸히 맺히고
눌러앉은 바위들
달을 안고 졸고 있다.

마음은 가시덤불
빈 마음으로 푸른 산 바라보니
굽은 소나무 한 그루
내게 말을 건넨다.

초겨울 바람에 침묵하는 푸른 솔
바람이 머물고 간 자리에
내가 서 있다.

거울과 나

너무 맑아 더 선명하구나
아직 못 본 내 속마음엔
숨기고 싶은 허물로 풀이 죽는다

내밀한 부정들
무지한 언어
기억하지 말아야 할 일들
잠시 씻어내고 다시 들여다본다.

뒤틀렸던 영혼이 살아나
새 세포가 조금씩 깨어난다.

지금 이 자리의 주인은 나다
다시 거울을 보니
풋풋한 자색 창포향이 난다
젖은 물방울 사이로
창포 한 송이 피어나고 있다

뜨개질

엄지 마디가 꺾인다.
손가락 마디가 꺾인다.

굵은 실로 짠 모자의 매듭을 찾아
한나절이 다 가도록 풀어
다시 모자를 짠다.

시간은 창가에서
투두둑 투두둑 타고 있는데
풀었다 짰다 반복하는 손은
공간에 갇힌 듯 그 자리이다

모자를 풀어 짜듯
우리 인생도 다시 풀어 짤 수만 있다면
아름다운 무늬도 채색하련만

엉긴 실오라기 풀며
엉겼던 매듭들 되돌아본다.

꿈과 현실의 경계

조금씩 내려앉은 어둠이
대지를 휘감을 때쯤이면
마음을 비우는 시간
무거운 침묵이 육신을 감싼다.

어둠으로 소리를 가두는 방안
벽과 벽 사이에서 요동치는
시계 시침 소리
어느새 몸은 수평이 되고
눈은 수직이 되어 허공을 맴돈다.

때론 호흡이 목에 걸리고
오금 저리는 순간들
꿈과 현실의 경계에서
시간이 흐르고 있다
고뇌 떨쳐버릴 돌파구를 찾아도
답은 없다
이 한밤 이대로 무념이고 싶다

아득히 먼 길

들여다보면
지극히 작은 액체 한 방울인 눈물

그 눈에 그리움 가득해
바로보지 못하고 눈 감아버린다

고요한 눈에
떨고 있는 별 하나
아득히 먼 길 더듬어 와
온몸을 휘감는다

허기와 피로
한 방울 눈물로 다독이어
장식된 허울까지 씻어버리고

나 다시 돌아가고픈 그곳
두 눈에 젖은 눈물 머무는
가난한 믿음이 있는 그곳으로
다시 돌아가리라

고요

빈방에 눈 감고 앉아
마음을 가다듬는다.

맑게 고인 상념 하나
가슴에 활기를 더해
막혔던 숨이 트인다

한낮의 끊이지 않는 소음들
창을 흔드는 빗소리까지
약속이라도 한 듯
삼라만상이 다 꿈속이다

사위어가는 고뇌
어둠은 홀로 있는 시간을
기웃거리다가
저도 몰래 잠이 들어버렸다

마음은 오지

주변을 둘러보면 첩첩산중
이명처럼 멍하게 울리는 바람 소리

마음은
서슬 퍼런 칼날을 피해
누구도 찾을 수 없는 곳으로
피신해 온 것처럼 두근거리는 적막

밖에선 난리가 나든지
축제가 벌어지든지
모두 딴나라 이야기인 듯

우러르면 푸른 하늘뿐
반세기를 훌쩍 넘어선 이곳 세월을
옛 모습 그대로야 어찌 바랄까마는
무력한 삶이 두렵다

천지에 피어 있는 야생화
길도 시간도 잊은 채
산 사람으로 그냥 살아도 되겠다.

잊은 언어

사랑한다는 말
쉽게 하지 못하는
그녀의 눈
오래 망설이던 말 한마디
오늘은 꼭 하리라 마음 다지지만
돌아다보면 오늘도 침묵뿐

마음의 소리 혹 들릴까
귀 기울이면
오래전 떨쳐버리지 못한 슬픔과
상처들이 요동을 치고

마음은 백지
백지를 메우는 작은 언어들로
쌓인 시간 따라
조금씩 치유되는 가슴을 본다

긴 밤 어둠을 몰아낸 여명에
아침 이슬이 맺는다.

조약돌 하나

바닷물에 씻기고 닳아
파르르 떠는 하얀 돌멩이 하나
내게로 건너와 품었더니 의미가 되었다
수년을 꺼내보고 또 집어넣고
함께 웃는 벗
가방 속 어두워도 투정하지 않고
구슬처럼 전천후 빛을 내는 돌
삭이지 못한 그리움에 살며시 꺼내면
헤실헤실 미소 짓는 내 안의 덫

굳어져 간 가슴 위에
꿈틀거리는 흔들림이 너이더냐
비워낼수록 허기진 삶
조약돌 슬쩍 꺼내면
세상 밖에 나와 도란도란
일상의 아름다운 방관자로
어둠 깊은 곳을 껴안은 침묵
계절 바뀌는 길목에 서면
먼저 와 반기는 동반자
조약돌 하나

관계

영원히 머무를 젊음일 것처럼
계절 바뀌어도 달라지지 않는
변함없는 자연의 섭리
그것이 시간의 함정이라는 걸
깨닫게 되기까지
이렇게 오래일 줄이야

찾아도 보이지 않는 사람들
이미 오래전 사람이란 걸
가끔씩 잊고 살 때
그물에 걸린 시간 탓이라고
착각하며 사는 나

어둠이 내려오면 언제부터인지
오늘 만난 사람들 뒷모습을 지우려 한다.

잊어도 좋을 일들과
잊히지 않아 상처로 남을 미움들이
혹 관념처럼 굳어질까 두려워

애써 마음을 비운다
그와의 오랜 관계를 위해

무지개

손에 잡힐까
날아오르면 손 닿을까
빗줄기 사라진 후
홀연히 나타난 무지개
가슴 설레며 발길 멈추어도
아무 말 없이
꿈결처럼 사라져버린다

아름다운 환영이다
우리들 한세상처럼

그대
어찌하여 지상에서 꿈을 꾸는가
잠시 드러내는 얼굴
잠시 만났다 헤어질 그 얼굴
그 미소
해지는 들녘에서도 만날 수 있을지

마음 문 열어둡니다

문 밖에 사각거리는 소리
무심코 문을 열어 봅니다

바람 지나가는 길
나뭇잎 떨어지는 소리

누군가 있을 것 같아
밖을 나가 봅니다

오글오글 이슬 머금은 잔디
똑똑 물방울 떨어지는 소리

내 기다리는 소린 들리지 않아
마음 문 열어둡니다

시간이 흐르고 쌓이는 것은 그리움

항상 처음 본 듯한 느낌으로
발걸음 자분자분 둘이 걷는 숲길
할 말이 생각나지 않아
오늘은 구름이 많네 하면 그뿐

우리의 대화는 기술이 필요 없어
그대 얘기 듣다 보면 마음은 하나 되어
중단하기를 싫어하는 수다쟁이

시간은 젖은 우산 흔들면
톡톡 튀어나오는 물방울들
흐름은 만들어지지 않은 이름 들고
조용히 찾아와
느슨한 밧줄 죄어주고 가는 벗

시간이 흐르면 쌓이는 것은 그리움
우리의 말이 쌓이면 허기를 채워
내가 그대를 기억하는 그리움 한 조각은
자잘한 호흡이 모인 긴 기다림

못다 한 이야기

설레다가 다정하다가
가끔은 걱정이 되는

너는 내 생의 그리움이다

오랜 세월 함께해도
언제나 궁금하고
보고 있어도 마음에 남아 있는
못다 한 이야기

네 그리움은 시가 되어
또다시 아름다운 추상화로
가슴에 채워지는 이야기

힘든 일일랑 지워도 좋으련만

네 생각만으로도 일상이 치유되어
생의 의미를 주는 불빛
수없이 썼다가 지우는 마음의 소리

가끔씩 생각나는 사람

머리를 묶고 거울을 보는데
정적을 깨는 전화 벨 소리

가끔씩 생각나는 사람
잊혀지기엔 그리운 사람

사람을 만나 함께 어울려
둥글게 살고 싶은 소망도 있지만
삶이 고단할 땐
누군가의 온기에 스며들고 싶다

삶은 연극에서
배역을 고르는 게 아니라
주어진 역할을 하는 것이라고

막이 오르면
내 역할에 최선을 다하다가
그렇게 막을 내리고 싶다

그 시절

일곱 살 나이 때엔
세상 몰라 마냥 즐거웠다

저녁 안개가 발밑까지 내려앉아
고즈넉한 시간

일곱 살 아이었던 때보다
더 어린 나이가 되어
세상일 까맣게 잊고
공기놀이에 빠져 있다

나 지금
그때 그 나이로 돌아가
우박처럼 떨어지는
백일홍 하얀 꽃잎도 받아보고 싶은데

그 시절 그리워
발꿈치 다 치켜들고 올려 봐도
감아버린 눈처럼 보이지 않네.

땡볕

이 땅이 온전히 햇살로 덮여
시간을 태우는 숯가마라면
풀죽은 내 모든 열등, 슬픔까지
아니 뜨거운 열망까지 태우십시오.

하지만 오래 두지 마시고
햇빛과 바람이 속삭이는 날
잔잔한 가랑비 내려
다시 소생하게 하소서

세상 끝에서
계절을 넘어 달려온 열기 다 삭거든
꿈꾸는 생명들 다시 안아
고운 열매 맺게 하소서

열등한 이 마음에도
새싹 틔워 꽃 피게 하소서
태우지 못할 소망들이면
다시 꽃 피우게 하소서

독서

삶의 다리 멀리 건너 와
깨달음을 얻었다
그날부터 영혼과의 대화가
낯설게 시작되고

작고 허전한 가슴에
말갛게 가라앉은 알맹이들

끝없이 이어지는 얘기들은
텅 빈 내 영혼을 깨워
가슴 가득 들꽃을 피웠다

이렇게 아름다운 비밀의 정원에서
헛되이 살아온 날들
늦은 노을빛이
눈시울 뜨거울 줄, 차마
어찌 알았겠는가.

자연 순수를 지향하는 현실의 부조화

- ≪시간이 흐르고 쌓이는 것은 그리움≫에 부쳐

배환봉(시인)

사람이 살다 보면 생각지도 않았던 삶이 전개되어 운명적으로 부딪치게 되는 경우가 있는가 하면, 본인의 내면에 잠재해 있던 세계를 지향하기 위해 가던 길을 변경하는 경우도 있다.

여기 조은희는 반평생 딴일에 종사했던, 문학과는 거리가 좀 있었던 사람이다. 하나 그의 마음속에는 언제나 시를 쓰고 싶은 열망이 있었다. 그 열망이 이렇게 열매를 맺게 되어 그의 시에 관해 말하는 나도 더없이 기쁘고 축하하고 싶어 몇 자 덧붙이고자 한다.

오늘날 모든 것이 혼돈에서 정체를 드러내지 못하는 시대에 살고 있다. 한평생 시를 쓰고 있으나 아직도 나는 어떤 것이 과연 시의 본질인가 궁금할 뿐이다.

조은희 시는 한결같이 고향에 대한 그리움과 인간사에

대한 내용이다.

시는 4부로 나누어져 있다. 전체적으로 보면 그리움이 바탕을 이루고 있다. 아마도 반생을 살고 난 그의 삶에서 가장 잊을 수 없는 것은 역시 가족이나 어린 날에 대한 그리움일 것이다. 여기에 시 한 편도 그중 하나이다.

짧은 해 성급하게 기울어
마음이 스산하다
무심코 기대선 따뜻한 창가
문득 단칸방 더부살이 시절이 그립다

동쪽을 바라보는 창이었지만
후미진 골목 안 벽돌집은
언 몸 녹는 날이 봄이 오는 날
찡그린 듯 우는 듯 포개진 벽돌마다
세월의 금이 기어가는
민들레 피는 비좁은 골목길
좁은 마당에 들어서면
한눈에 들어오는 질척한 발자국들

지금은 흔적도 기억도 희미한 골목이지만
봄이 오면 여전히
민들레 푸른 움이 돋아나겠지
이렇게 서늘한 오후면
유난히 생각나는 칠 벗겨진 찻상이
아른거린다.

그날이 그리운 건
마음대로 그리울 수도

마음대로 슬플 수도 있는
자물쇠 채워지지 않은
허술한 옛집
그 문고리 때문인가 싶다

−〈마음에 민들레 피는 날〉 전문

이 시는 〈마음에 민들레 피는 날〉의 전문이다. 시인이 가장 어려웠던 시절을 진솔하게 표현해 감동을 준다. 위 글에서의 바로 그 그리움이 조은희 시 대부분을 차지하고 있다. 어려운 시절, 삶이 절실한데 시적 화자는 내적 아름다움의 승화로 그 어려움을 꽃피우고 있다. 문 잠글 필요도 없이 열려 있던 문고리. 굳이 문 열어 두고 기다릴 필요도 없는 방치된 집이 자칫 허탈이었을 그 시절을 오히려 정겨운 시절로 그리워하는 마음이 바로 시가 아니겠는가.

우리들의 한때 가장 어려웠던 그 시절을 요즈음 사람들은 상상도 하지 못할 것이다. 그럼에도 한때의 보금자리였던 집의 추억을 쓸 수 있는 바로 이것이 우리가 시를 사랑하고 지향하는 이유일지도 모르겠다.

위 시에서 보는 것처럼 시의 전반이 다 이런 원초적 순수의 글들이다. 수식이나 기교 없이 그저 자기 감정에 충실한 글들이다.

그럼 다음 시를 더 감상해 보자.

함석 지붕에
사방이 논밭이던 옛날을 지우고
고만고만한 아파트들 모여
이름만 들어도 아름다운
은파 마을이 이루어진 지 오래인 날
수많은 이야기를 담은 겨울 달빛이
은빛 호수를 안았다

인연을 따라 눌러산 지 여러 해

뒷산 숲에 저녁놀 내려앉을 즈음이면
노란 융단 깔린 숲길 따라
바람에 실린 물안개가 마을을 덮고

철 따라 잊지 않고 찾아드는 철새
삭막한 도시 속에서
그리움 한 조각 채색할 수 있는 곳
보고만 있어도 가슴 뭉클한 우리 동네
이젠 그래저래 동네가 좋아
그냥 오래 더불어 삽니다.

—〈우리 동네〉 전문

마을이라는 정겹던 풍경이 사라진 지 오래다. 그럼에도 이 시는 삭막해진 도시에 대해 반감이나 불평 없이 현대를 긍정적으로 받아들여 현대에 대한 인식을 순화하고 있어 독자가 평안하다. "삭막한 도시 속에서/ 그리움 한 조각 채색할 수 있는 곳"이라 한 시적 화자의 시적 발상이고 보면 시는 조건에서가 아니라 자신의 내면의 인식 여하에 따라 시의 세계가 변화된다는 사실을 느끼게 한다.

아래 시에도 바탕은 한결같이 그리움이고 그 그리움을 찾아가고픈 간절한 소망으로 일관하고 있는데 나는 여기서 조은희가 이런 세상에서 풍파를 겪고 살았음에도 마음은 항상 학이요, 들국화처럼 어떻게 때 묻지 않고 살아왔는지 시를 읽다가 한편으로 부럽기까지 했다.

단물 가득한 배나무 두 그루 있는 집
그 옛 집은 어머니 꿈속의 고향이다

잠시도 쉴 틈 없었다던
어머니의 젊은 날은
언제인가 추억의 사슬에 묶여버렸다

똑바로 설 수 없는 몸이 되어
환상의 놀이터에 매양 앉아 계신다

나무 지팡이 하나로
땅을 딛고 걷던 때가 그래도 좋았노라고
세상과 만날 수 있음이
유일한 낙이었던 시간들을 회상하신다

야망 한번 펼치지 못한 채
어두운 세상에서 평생 힘든 어머니

황홀했던 별똥별 이야기도 추억 되고
빛을 발하던 기억 창고는 돌밭 되어버려
가슴속 상처만 깊어진 어머니

－〈꿈속의 고향〉 전문

이 시는 어머니에 대한 이야기다.

이 시집 1부에는 거의 어머니에 대한 글이다. 오늘 같은 시대에 마음속 깊이 자리하고 있는 효 또한 귀감이라 아니 할 수 없다. 나는 시의 본질은 뛰어난 기교가 아니라 가치관의 승화가 아닐까 하는 생각을 한다. 기교나 그 안의 지식은 부수적인 것일 뿐 시인의 바른 정신이 바로 시의 핵심이 되어야 한다는 말을 하는 것이다. 그것들이 다 조화를 이룬다면 물론 더 말할 나위가 없겠으나 적어도 시의 정신만은 가장 인간다워야 한다는 말이다.

그런 의미로 볼 때 조은희 시가 표현은 아직 능숙하지 않으나 시 정신이 바르고 순수해서 그 나름 감동을 주는 것 같다는 이야기다.

그럼 다음 시를 읽어보며 그의 시 세계를 좀 더 알아보자.

서둘러 떠난 자리
언젠가 다시 돌아올 것처럼
문 가볍게 잠가 놓았다

시곗바늘은 아홉 시에 멈춰 있고
함께 웃으며 찍은
한때는 행복했을 가족사진은
먼지로 뒤덮여 침울하다

아무도 없는 빈집엔
정적만 흐르고

바람에 흔들리는 창가엔
벽에 붙인 포스터 조각들이
멋대로 찢겨 팔랑대고

밤마다 함께 모여 웃었을
퇴락한 마루엔
아련한 그리움은 남아 있는데
낡은 집엔 바람만 맴돌고 있다.

－〈빈집〉 전문

예술은 시대의 반영이라는 말처럼 요즈음 한국의 시골에서 흔히 보는 풍경이다. 혼자 살다가 여러 가지 형편으로 집을 비워놓고 사라져버린 것이다. 빈집은 인생의 허무를 실감하는 실증물이다. 옛날엔 대를 이어 살기 때문에 빈집이란 없었다. 이것이 시대의 변화가 만든 참혹상이다. 이런 큰 충격에도 조은희는 크게 놀라지 않고 담담하게 관찰하는 냉정도 보인다. 그래서 글에 군더더기가 없는 것은 좋으나 자칫 서정성을 상실할까 염려된다.

마지막으로 다음 시 한 편을 더 소개하면서 내 나름 조은희 시에 대한 소감을 마치려 한다.

마디가 땅에 닿으면
또 한 포기 생명으로 자라나
꺾여도 죽지 않는 생명
땅에 닿기만 하면 뿌리내리는
마디 풀 달개비

애써 키운 생명이라 해도
구질구질한 헛간 옆 초라한 곳에
너는 아무렇지도 않게
하늘빛 닮은 꽃을 피우고 있구나

언니 치마폭 같은 아리한 모습으로

비 내리는 오후 문뜩 그리워지는
초록빛 울타리 곁 달개비

마음 조용한 날엔
붓끝에서 영혼으로 피어날
화신의 꽃이여

–〈달개비꽃〉 전문

어쩌면 이 달개비꽃이야말로 조은희 자신을 말하는 것 같아 애틋하다. 내가 본 조은희는 겉모습은 아주 연약해 보이면서도 마디풀처럼 강한 생활력을 가진 사람이다. 비록 어려움에 부딪힌다 해도 결코 좌절하지 않고 다시 하늘 빛 닮은 꽃을 피우기 위해 뿌리내리는 달개비꽃 같은 사람이다. 아무리 고단해도 그의 가슴에는 꿈과 희망이 무지개로 떠 있어 밝은 인상이었나 보다. 겉으로는 약한 듯 보여도 내면은 볼수록 강한 일면이 있어 내일은 새로운 태양이 그에게 떠오르리라 믿어 의심하지 않는다.

앞으로 더 좋은 시집을 기대하는 마음이 헛되지 않기를 바라 마지않으며 첫 시집 출간의 기쁨을 함께 나눌 수 있어 더없이 기쁘다.

시간이 흐르고 쌓이는 것은 그리움

조은희

인쇄 2016년 11월 25일
발행 2016년 11월 30일

지은이 조은희
발행인 서정환
펴낸곳 신아출판사
주소 전북 전주시 완산구 공북 1길 16(태평동 151-30)
전화 (063) 275-4000 · 0484 · 6374
팩스 (063) 274-3131
이메일 shina2347@naver.com sina321@hanmail.net
출판등록 제465-1984-000004호
인쇄 · 제본 신아출판사

ISBN 979-11-5605-395-8
값 10,000원

이 도서의 국립중앙도서관 출판예정도서목록(CIP)은 서지정보유통지원시스템 홈페이지(http://seoji.nl.go.kr)와 국가자료공동목록시스템(http://www.nl.go.kr/kolisnet)에서 이용하실 수 있습니다.(CIP제어번호: 2016028676)

Printed in KOREA

* 이 책은 전라북도 문화관광재단의 문예예술진흥기금을 지원 받았습니다.